I0766802

TANGALAN

Rodrigo Huerta Merodio

Desarrollo para quién
Minería, Despojo y Activismo

Desarrollo para quién
Minería, Despojo y Activismo

Primera edición, 2017

D.R. © 2017, Rodrigo Huerta Merodio

Foto de portada: "Hecho en Canadá"

Imagen de dominio público

Derechos exclusivos de edición reservados para todo el mundo:

D.R. © 2017, Rodrigo Huerta Merodio

ISBN: 9781973351221

Comentarios sobre la edición y contenido de este libro a:

Twitter: @olmedopato

ÍNDICE GENERAL

Defender la tierra en la que se vive,
no debería ser delito ni motivo de agresión.

Prólogo

La presente obra es una recopilación periodística, en la que se intenta dimensionar el problema que genera la minería en un modelo económico-político neoliberal, así como establecer claramente sus repercusiones en lo económico, político, social y ambiental, para posteriormente ofrecer un modelo de solución integral probado. Así pues, la minería es una actividad económica destructiva o constructiva: todo depende del rol de la autoridad y del modelo económico en el que se sustente.

Si bien la minería es una actividad que representa aproximadamente el 4 por ciento del Producto Interno Bruto (PIB) en México, también hay que reconocer que es una actividad que ha generado múltiples conflictos con las comunidades locales, que son las legítimas dueñas de los territorios. En suma, en México hay 64.5 millones de hectáreas de bosques y selvas, de las cuales el 22.56 por ciento se encuentra concesionado o asignado para el desarrollo de actividades mineras y hay estados en los que más del 50 por ciento de los bosques de propiedad social están concesionados, sin que la autoridad pueda aun, establecer un modelo de desarrollo integral entre sus propias dependencias: "transversal", como les gusta llamarlo. Así mismo, el 70 por ciento de las concesiones mineras de México están en manos extranjeras, de las cuales un 74 por ciento se encuentran controladas por compañías canadienses.

El crimen organizado tiene un papel central en el despojo, siendo que las actividades ilícitas son diversas e incluyen la venta de maderas preciosas en peligro de extinción y de minerales como hierro y plata a China, cuya presencia durante casi dos décadas ha generado una situación de temor generalizado en la población y ha provocado pérdidas humanas y económicas preocupantes. Por lo menos desde 2002, la región del Pacífico y el Golfo mexicano ha sido el laboratorio de operaciones financieras para diversos grupos criminales, como los Zetas, la Familia Michoacana y los

Caballeros Templarios.

Se han denunciado, en varias ocasiones, los vínculos entre las mineras, los partidos políticos y el crimen organizado, hasta antes de 2015 cuando se celebraron las últimas elecciones locales, en donde, según testimonios de autoridades agrarias y pobladores, se presume que, por poner un ejemplo, integrantes del Partido Revolucionario Institucional (PRI) en Michoacán, orquestaron todo un aparato criminal que benefició a empresas mineras y madereras y a los Caballeros Templarios principalmente. Las modificaciones de uso de suelo, por parte de funcionarios, para beneficiar a los consorcios mineros también son comunes en estas localidades

Por su parte, por lo menos 8.314 especies de animales están en alguna categoría de protección, por enfrentar riesgo de desaparecer por actividades económicas extractivas. En 2017, se reportó el inicio de ocho proyectos mineros que se suman a los más de 100 existentes. Éstos (así como los megaproyectos energéticos, aeroportuarios, carreteros y agroindustriales) agravan la situación para centenas de especies amenazadas y representan un consumo de agua exorbitante, así como la contaminación de los mantos acuíferos.

Lo mismo pasa con el crimen organizado: en el país se deforestan 500 mil hectáreas de bosques y selvas cada año, y alrededor del 70 por ciento del mercado nacional de madera tiene procedencia ilegal, lo cual agrava significativamente las condiciones de los hábitats y las especies que en ellos habitan.

Los costos sociales no son menores, siendo que existen centenares, tal vez millares de historias de defensa de la tierra, sus recursos y las comunidades, así como del abuso, despojo, desaparición forzada, así como muertes de comuneros, periodistas y activistas relacionadas con la oposición a actividades extractivas desde la óptica neoliberal. Siendo que, en esta obra, intentamos reflejar de manera simbólica las que nos parecieron más representativas, sin intentar ser exhaustivos en el tema.

La solución ante la barbarie que representa la minería neoliberal es muy sencilla y viene implementándose exitosamente en Bolivia por más de una década, con resultados que, inclusive, han sido denominados como "milagrosos". Siendo que este modelo, que debería establecerse como referente para toda la región, se apuntala en 7 principios que se alejan diametralmente de la posición clásica del neoliberalismo, evidenciando que este modelo económico, impuesto desde organismos internacionales por más de tres décadas e implementado por servidores públicos federales, locales y municipales conlleva, necesaria e intencionalmente, a la explotación irracional de los recursos, a la desigualdad en su aprovechamiento, transitando por el despojo violento de comunidades enteras y por la extinción de especies animales y la destrucción y contaminación de sus hábitats.

Dimensionando el problema

La actividad minera ha crecido sustantivamente en los últimos 11 años. Sólo el valor de la producción minero-metalúrgica a precios constantes creció 527 por ciento, pasando de 40 mil millones de pesos en 2004 a 213 mil millones de pesos para el año 2015. México se encuentra dentro de los 12 principales productores a nivel mundial de 17 minerales y, de acuerdo con la Secretaría de Economía, el sector minero-metalúrgico contribuye con el 4 por ciento del Producto Interno Bruto (PIB) nacional. Se trata de una actividad que ha crecido aceleradamente en años recientes, sin embargo, debe reconocerse que a la par, ha generado múltiples conflictos entre empresas privadas tenedoras de concesiones mineras y comunidades locales, legítimas dueñas de los territorios. Es alarmante encontrar que las concesiones mineras tocan al menos a 42 por ciento de los núcleos agrarios forestales, y que hay estados en los que más del 50 por ciento de los bosques de propiedad social están concesionados.

De acuerdo con el Consejo Civil Mexicano para la Silvicultura Sostenible (CCMSS), en México hay 64.5 millones de hectáreas de bosques y selvas, de las cuales el 22.56 por ciento se encuentra concesionado o asignado para el desarrollo de actividades mineras. Si bien las concesiones mineras no necesariamente implican un proyecto minero en producción, el acto de autoridad de otorgar una concesión sobre un territorio atenta en sí mismo contra los derechos de los legítimos propietarios de la tierra, y genera una enorme incertidumbre impactando las estrategias de manejo y uso por parte de la población local. Aunque no todas las concesiones tienen un proyecto de explotación inmediato, sí abren la posibilidad de coartar en el mediano o largo plazo los derechos y medios de vida de los campesinos que habitan esos territorios. Los bosques y selvas se conservan gracias al esfuerzo y el trabajo de estos ejidos y comunidades. Es necesario que los logros alcanzados en los pasados 30 años no sufran un retroceso ante la presión de la minería.

Los estados con mayor superficie forestal concesionada son Jalisco, Chihuahua, Durango, Sonora y Sinaloa, alcanzando en conjunto 8.4 millones de hectáreas. En los casos de Jalisco, Sonora y Sinaloa la superficie concesionada representa más de 40 por ciento de la superficie forestal de cada estado.

Las concesiones mineras sobre territorios forestales son un tema de enorme relevancia, tanto por los riesgos de afectación de derechos a los propietarios como por sus posibles impactos sobre las actividades económicas de las comunidades. En México hay 12.6 millones de hectáreas bajo aprovechamiento forestal; sin embargo, cerca de 3 millones de hectáreas, es decir, el 23 por ciento se empalman con concesiones mineras. Los estados con mayor afectación son: Baja California, Coahuila, Baja California Sur, Jalisco y Chihuahua. Existen 72 proyectos mineros que ya están en fase de exploración, desarrollo o explotación en áreas de aprovechamiento forestal maderable.

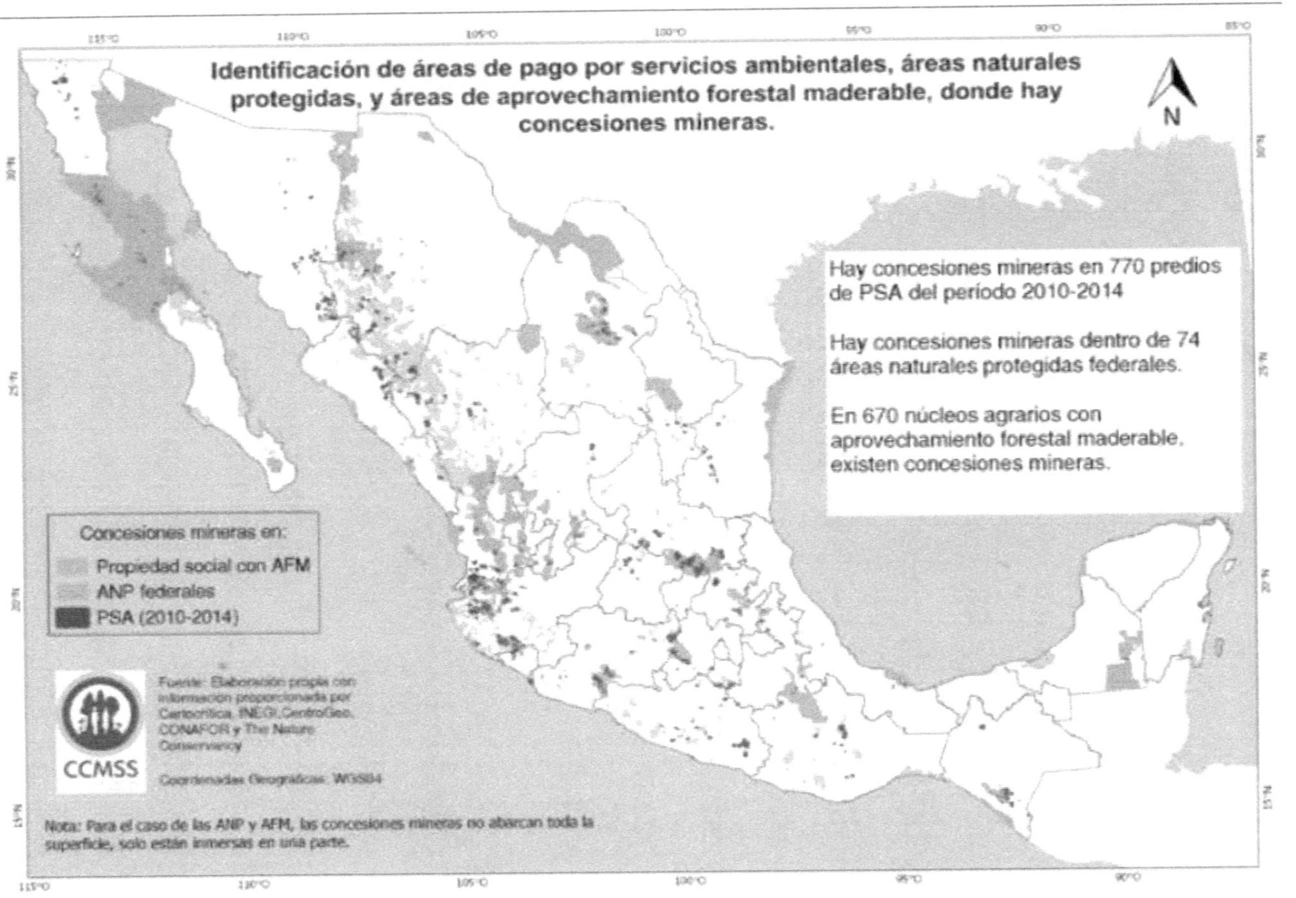

Identificación de áreas de pago por servicios ambientales, áreas naturales protegidas, y áreas de aprovechamiento forestal maderable, donde hay concesiones mineras.
N
Hay concesiones mineras en 770 predios de PSA del período 2010-2014
Hay concesiones mineras dentro de 74 áreas naturales protegidas federales.
En 670 núcleos agrarios con aprovechamiento forestal maderable, existen concesiones mineras.
Concesiones mineras en:
Propiedad social con AFM
ANP federales
PSA (2010-2014)
Fuente: Elaboración propia con información proporcionada por Cartocrítica, INEGI, CentroGeo, CONAFOR y The Nature Conservancy
Coordenadas Geográficas: WGS84
CCMSS
Nota: Para el caso de las ANP y AFM, las concesiones mineras no abarcan toda la superficie, solo están inmersas en una parte.

En Chihuahua y Durango, estados que ocupan los primeros lugares por su producción forestal maderable con actividades productivas administradas por empresas ejidales, existe una fuerte sobreposición entre la superficie bajo el "programa de aprovechamiento forestal" y la superficie concesionada a mineras. En Chihuahua esa sobreposición representa 22 por ciento y en Durango, 24 por ciento. La presión de la minería en estas entidades es muy fuerte, por sus importantes yacimientos de metales preciosos como oro, plata y cobre.

Para las políticas de conservación y protección forestal, encontramos que 434,483 hectáreas de bosques inscritos en el programa de Pago por Servicios Ambientales (PSA) también están concesionadas a la minería. Jalisco y Sinaloa tienen concesiones en más del 40 por ciento de la superficie que está en el PSA. Mientras tanto, en las Áreas Naturales Protegidas (ANP) hay cerca de 4 millones de hectáreas que se traslapan con concesiones mineras y se tienen registrados al menos 42 proyectos extractivos en las ANP, lo cual representa una incongruencia abismal.

Las concesiones mineras otorgadas a empresas tanto nacionales como internacionales se empalman con al menos 42 por ciento de los núcleos agrarios forestales que hay en México, de acuerdo con información obtenida con ayuda del portal Cartocrítica, quien realizó un análisis espacial de las concesiones y asignaciones mineras vigentes a diciembre de 2015. Esta revisión evidencia la creciente amenaza que la actividad minera representa para las comunidades y ejidos forestales, sus medios de vida y sus territorios.

Las concesiones mineras han crecido considerablemente sobre áreas forestales de uso común, áreas de aprovechamiento maderable, áreas naturales protegidas y áreas que reciben pago por servicios ambientales, lo que coloca a las comunidades en una posición de vulnerabilidad. Los medios de vida de cientos de comunidades se verían afectados si las concesiones otorgadas pasaran a una fase de producción. De los 11,843 núcleos agrarios forestales que tiene nuestro país, 4,997 (42 por ciento), tienen una fracción de su territorio concesionado, situación que afecta a cerca de 8 millones de hectáreas de los bosques y selvas de propiedad social. En estados como Sinaloa y Jalisco más del 50 por ciento de los territorios de propiedad social cubiertos por bosques están concesionados a empresas mineras.

En las regiones forestales los derechos de las comunidades están siendo violentados pues los proyectos extractivistas avanzan y se les niega el derecho a otorgar, o no otorgar su consentimiento libre, previo e informado sobre los mismos. Existen múltiples ejemplos de lo anterior: la disputa entre el pueblo Wixárika y la empresa *First Majestic Silver Corp* por una mina que afecta un sitio sagrado de su territorio; la disputa entre las comunidades de la Sierra Norte de Puebla y la minera *Almaden Minerals*, entre muchos más.

Por su parte el gobierno continúa impulsando políticas públicas desarticuladas sin un planteamiento de desarrollo regional, sectorizadas, en la que cada institución avanza en sus propias metas sin una estrategia integral que permita avanzar hacia la sustentabilidad. Las concesiones mineras se traslapan con las Áreas Naturales Protegidas (ANP), con predios que reciben un Pago por Servicios Ambientales (PSA) y con predios que tienen aprovechamiento forestal maderable (AFM).

Se confirma entonces la falta de coordinación de las políticas públicas: en una misma área, algunas instituciones promueven la conservación y el uso sustentable y otras promueven actividades extractivistas. Los datos hablan por sí solos: se traslapan 3,742 concesiones en áreas de aprovechamiento forestal maderable; 2,521 en Áreas Naturales Protegidas (ANP) federales y 1,243 en áreas con Pago por Servicios Ambientales (PSA).

Es evidente la poca o nula información que el gobierno da sobre estos temas. Los bosques y selvas de México son mayoritariamente propiedad de ejidos y comunidades. Sus territorios han sido titulados y respaldados por múltiples decretos presidenciales, son sus legítimos dueños y, sin embargo, más de 8 millones de hectáreas de sus tierras fueron concesionados a la minería. La mayoría de estos ejidos y comunidades desconocen su situación o encuentran trabas para acceder a información sobre las concesiones otorgadas en su territorio.

Actualmente existen múltiples conflictos socioambientales en México por proyectos mineros, de infraestructura y de hidrocarburos, entre otros. Es evidente que el trabajo y los derechos de las comunidades y ejidos son poco valorados, lo cual está generando un clima de enfrentamiento, además de procesos de degradación de los ecosistemas forestales.

Canadá "ama" a México

El Tratado de Libre Comercio de America del Norte (TLCAN) representa un intercambio de 2.600 millones de dólares al día y alrededor del 66% del intercambio comercial de México con el mundo.

Tal vez el punto más polémico de la renegociación del TLCAN y que causará un enfrentamiento directo con Canadá es sobre el deseo de eliminar el artículo 19 que dirime las disputas en los casos de competencia desleal en paneles de arbitraje conformados por especialistas internacionales.

Para el exprimer ministro canadiense Brian Mulroney, cuyo gobierno diseñó y firmó las primeras etapas del TLCAN antes de su entrada en vigor en 1994, la problemática actual en el área radica en la transformación de una economía industrial a una tecnológica. Mulroney ha dado un respaldo total al primer ministro Justin Trudeau para que mantenga una posición firme en la renegociación y ha dicho que los estadounidenses deberían estar más temerosos de Canadá que de Moscú. El gobierno canadiense tiene como uno de sus principales objetivos mantener el artículo 19, mismo que ellos lograron introducir en la versión de 1994 del TLCAN. Si el gobierno de Trump decide eliminar los mecanismos internacionales actuales para solución de controversias y trata de sustituirlo por órganos y juzgados nacionales, es casi seguro que Ottawa abandonará inmediatamente las mesas de negociación.

La minería canadiense está provocando desastres ecológicos a lo largo y ancho del territorio mexicano sin respetar protocolos medioambientales en complicidad con las autoridades locales. Igualmente, Canadá y México deberían presionar para que Estados Unidos reingrese al Acuerdo de París y respete los lineamientos medioambientales internacionales, ya que de no hacerlo sus empresas practicarían de facto una competencia desleal hacia sus contrapartes al tener que cumplir con requerimientos y exigencias menores.

En función de la coyuntura que ha creado la declaratoria del presidente de Estados Unidos, Donald Trump, sobre su intención de construir un muro en la frontera con México y renegociar el TLCAN, causaron extrañeza las palabras de un integrante del Gobierno de Canadá: "Amamos a nuestros amigos mexicanos. Pero nuestros intereses nacionales están primero y la amistad viene después".

Esas declaraciones se podrían aplicar a la actividad minera que algunas empresas canadienses realizan en territorio mexicano. En particular, esas compañías aman el oro y demás minerales que se extraen de la tercera parte de México, que quedó repartido como un pastel a partir del año 2000, durante el Foxiato y en adelante. Así, el 70 por ciento de las concesiones mineras de México están en manos extranjeras, de las cuales un 74 por ciento se encuentran controladas por compañías canadienses.

Cuando una firma canadiense de ese sector —ya sea *Goldcorp*, *New Gold*, *Yamana Gold*, *Torex Gold Resources* o *Metallica Resources*— se asienta en un lugar, provoca enfermedades, desplazamiento de población, corrupción y aumento del crimen organizado, explica Miguel Ángel Mijangos, miembro de la Red Mexicana de Afectados por la Minería (REMA).

La población de México comenzó a conocer estas consecuencias en la década de los 90, con la instalación de una mina a cielo abierto en el cerro de San Pedro (San Luis Potosí). A pesar de que el pueblo ganó más de 20 juicios contra una subsidiaria de *New Gold-Minera San Xavier*, la firma nunca detuvo su actividad. Hoy en día, ese pueblo está vacío y padece una gran contaminación ambiental. El cerro, presente en el escudo de armas del estado de San Luis Potosí, prácticamente desapareció.

Existen más ejemplos de situaciones dañinas. El caso

de las minas a cielo abierto de los municipios de Carrizalillo y Cocula (Guerrero), muy cercanas a la famosa escuela rural de Ayotzinapa, resulta paradigmático: los ríos prácticamente ya no sirven, la población comienza a ser desplazada y el crimen organizado manda en la región.

Por último, el asesinato del ambientalista Mariano Abarca en 2009, quien se oponía a la minera *Blackfire* en Chicomuselo (Chiapas), puso el tema en la mesa con todas sus letras: las mineras canadienses estaban violando los derechos de las poblaciones mexicanas.

La revista *Proceso* consignó que, desde hace 15 años, seis proyectos mineros operados por empresas canadienses en México estuvieron vinculados con el fallecimiento de ocho personas y dos desapariciones.

Jen Moore, Coordinadora para el Programa para América Latina de la organización *Mining Watch Canadá*, dedicada a investigar y advertir sobre las actividades de las mineras de su país, explica que a partir de la proclamación del Tratado de Libre Comercio de América del Norte (TLCAN), se negoció un conjunto de reformas que permitió la entrada de inversionistas extranjeros en el sector minero de México.

Esta activista canadiense advierte que la privatización de tierras colectivas —a partir de la reforma del artículo 27, en 1992— fue la clave para que todo el país fuera dividido en miles de concesiones mineras, que se pueden consultar en la Secretaría de Economía.

Realmente, explica Miguel Ángel Mijangos, las mineras canadienses no tienen capital exclusivo de Canadá, algo que provoca que otras empresas de ese rubro traten de asentarse en ese país por sus características fiscales, ya que los impuestos y las prerrogativas son casi nulos. Muchas de esas firmas ya están vinculadas a las bolsa de valores Vancouver y de Toronto.

De acuerdo con Mijangos, la promoción de la minería

desde Canadá es casi una "política de estado". En todo el mundo, y en particular en América Latina, las embajadas canadienses se dedican a promover la actividad minera.

Jen Moore también denuncia que toda la política exterior de Canadá ha sido organizada para promover los intereses del capital canadiense, especialmente en el sector minero y el financiero: "Directamente en México podemos ver claramente como la embajada, desde su lado diplomático y comercial, brinda varios apoyos a las empresas mineras para facilitar sus operaciones y defenderlas cuando entran en conflicto con poblaciones", acusa Moore.

El diario *La Jornada* ya había advertido que el Gobierno canadiense "alienta los abusos de mineras".

De acuerdo con otra nota del semanario *Proceso*, peticiones mediante de ley de transparencia en Canadá mostraron que la embajada apoyó a la empresa

Balckfire a pesar de que sabía de las amenazas que había contra Mariano Abarca, el ambientalista opositor a la minera.

El caso de Guerrero, dice Mijangos, es ahora el más palpable: "Hemos visto un papel más activo de la embajada, bastante visible y público, en que ha ido defendiendo la inversión de más capital en la zona más conflictiva y sangriento de Guerrero".

Moore asevera que ese organismo ha defendido a *Torex Gold* a pesar de los casos de secuestro y asesinato que imperan en el estado.

"Para operar en estas zonas se tiene que pactar con el crimen organizado. La embajada ha legitimado y promovido la inversión canadiense a pesar de esta situación de terror", dice Moore.

"Los pescadores de Cocula le dicen a la minera y a la embajada nos estamos enfermando, no hay empleo, el crimen tiene ocupado el pueblo. Es contradictorio, porque desde Canadá lanzan alerta migratoria recomendando a paisanos que no visiten Guerrero por la violencia; pero su inversión está en Cocula. Pareciera que dicen: que entre la inversión, pero las personas no", denuncia Mijangos, evidenciando que las condiciones en las que invierten no son aptas para las personas que vienen de visita, ya no digamos para quienes habitan en esos territorios.

Además, el activista mexicano denuncia que el nuevo gobierno liberal de Justin Trudeau tampoco ha mejorado la situación, pues cuando nació la REMA había 700 proyectos mineros y ahora operan 1.300 empresas canadienses.

En octubre del 2016, el rotativo *The New York Times* hizo pública una carta de 180 organizaciones del continente, que pidieron en abril de ese año al primer ministro Trudeau regular las actividades de las empresas mineras canadienses en el mundo, pero no recibieron respuesta, ignorándola por completo. Al menos tres conflictos de población con minas canadienses escalaron de manera significativa, principalmente por asuntos de despojo de tierras.

La mitad del territorio mexicano es de propiedad social; es decir, pertenece de manera colectiva a ejidos y comunidades indígenas. Las mineras han intentado arrebatarles las tierras mediante contratos engañosos, explica Mijangos.

En Cocula, las empresas acabaron con la actividad pesquera de la región y los pescadores piden una indemnización. Ante sus protestas, grupos de trabajadores y civiles armados impiden que los pobladores que bloquean la entrada de la Media Luna reciban solidaridad, reportaron medios locales.

Además, por primera vez en la historia de México una minera canadiense obtuvo un fallo para que pobladores le paguen una indemnización. El Ejido de La Sierrita

(Durango) exigía de la empresa *Excellon* el cumplimiento de obras que habían acordado, como un comedor; ante la negativa de la empresa, los campesinos bloquearon la entrada a la mina. "El Gobierno canadiense hizo *lobby*, hubo represión. La empresa los demandó y el juez avala que los pobladores deben pagar cinco millones de pesos", denuncia Mijangos. Los pobladores ya interpusieron un amparo contra la decisión.

Por último, habitantes de un pueblo del estado minero de Zacatecas fueron desalojados de sus hogares por conflicto de tierras con la canadiense *Panamerican Silver*. Los habitantes recalcan que las tierras son de su propiedad social, pero la minera los desalojó con la fuerza pública: "Atropellos, sobre todo de los extranjeros que están representados en estas mineras, con el chantaje de que generan empleos para los zacatecanos", dijo un habitante.

Inversión con condiciones

A finales de septiembre, el empresario acerero Lakshmi N. Mittal, el sexto hombre más rico del mundo, se reunió con el gobernador de Michoacán, Silvano Aureoles y expresó las tres directrices que se deben cumplir para invertir 1.000 millones de pesos (más de 52 millones de dólares) a través de la empresa *Arcelor Mittal*.

1.- Inseguridad

La primera condición es la seguridad, un tema por el cual toda la región de la sierra-costa michoacana ha sufrido constantes altibajos.

Por lo menos desde 2002, esta región ha sido el laboratorio de operaciones financieras para diversos grupos criminales, como los Zetas, la Familia Michoacana y los Caballeros Templarios. En la actualidad, aún existen sospechas de que esta última organización aun controla ciertos negocios.

Las actividades ilícitas son diversas e incluyen la venta de maderas preciosas en peligro de extinción y de minerales como hierro y plata a China, de manera no registrada y a través de la empresa *Ternium*. Además, la presencia del crimen organizado durante casi dos décadas ha generado una situación de temor generalizado en la población y ha provocado pérdidas preocupantes.

Tan solo en la comunidad indígena de Santa María Ostula se contabilizan 34 muertos y seis desaparecidos, todos líderes indígenas que se opusieron a la presencia del crimen organizado. A pesar de que no existe un saldo específico en Coire y Pómaro, comunidades que comparten los más de 300 kilómetros de esta costa, sus pobladores aseguran que el saldo asciende a más de 50 personas entre las dos localidades.

En febrero de 2017, dos camionetas de la Marina mexicana auxiliaron a un grupo de personas que secuestraron a cinco policías municipales en la población de Tizupan. Días después, aseguraron que fueron liberados por "los marinos", quienes "nos engañaron y nos golpearon" y "ayudaron a los Caballeros Templarios que quedan".

Un comunicado del Gobierno de Michoacán indicó que "personal de las secretarías de Seguridad Pública (SSP), de la Defensa Nacional (SEDENA) y de Marina (SEMAR), en coordinación con las procuradurías Generales de la República (PGR) y de Justicia del Estado (PGJE), intensificaron las labores operativas en la costa michoacana para brindar garantías de seguridad e impedir el establecimiento de grupos delincuenciales".

Lo anterior deja ver que al director de *Arcelor Mittal* le interesa proteger al máximo a su personal y asegurar que el pasado "sucio" del puerto no contamine su inversión y la nueva imagen que se quiere dar a este importante foco económico.

2.- El uso de suelo

La comunidad de Santa María Ostula ha denunciado en varias ocasiones los vínculos entre los partidos políticos y el crimen organizado hasta antes de 2015, cuando se celebraron las últimas elecciones locales. Mario Álvarez, militante del Partido Revolucionario Institucional (PRI), fue dos veces alcalde y, según testimonios de autoridades agrarias y pobladores, se presume que orquestó todo un aparato criminal que benefició a empresas mineras y madereras y a los Caballeros Templarios, principalmente.

A Juan Hernández, sucesor de Álvarez y también militante del PRI, se le acusa de llevar a cabo el cambio, sin la aprobación de la gente, en el uso de suelo en la comunidad de Coire y Pómaro, tal y como consta en el expediente del caso, una modificación que benefició la venta de lotes a particulares interesados en la explotación minera.

Las irregularidades sobre el uso del suelo se juntan y se complican con el ambiente político: no hay consultas, manifiesto de impacto ambiental ni nada similar, tal y como indica la ley minera mexicana. El grupo de Hernández "no nos ha dejado en paz": "insisten en despojarnos de nuestros recursos naturales, como la madera, y siguen con la minería sin que les demos permiso", concluye Juan García, comunero de Pómaro que se ha mantenido muy activo en la lucha contra el despojo de los recursos naturales en aquella parte de México.

Lakshmi N. Mittal pidió al Gobierno estatal que le concediera total certeza jurídica sobre terrenos y minas no explotadas en la sierra-costa michoacana, principalmente en los municipios de Tumbiscatío, Chinicuila, Aquila, Coalcomán y Lázaro Cárdenas. Sin embargo, ante la falta de resolución de conflictos, tanto la parte legal como la seguridad están en juego.

3.- Oposición

Ante la falta de información precisa y transparente, las comunidades de esta región de Michoacán se oponen desde hace más de tres décadas a la explotación, tanto de hierro como de otros minerales. Varios comuneros indican que lo único que se ha visto en todo ese tiempo es que se extraen recursos naturales y se transportan al puerto de Lázaro Cárdenas para que empresas como *Ternium*, *Hylsa* o *Arcelor Mittal* comercien con ellos en otros países. Pareciera que los únicos beneficiados en este contexto han sido los alcaldes y las autoridades agrarias puestas a conveniencia de los benefactores. La minería no es una actividad orgánica de los comuneros y no existe tradición minera que la avale.

Para Belisario, encargado del orden de la comunidad de Maruata, "la gente en sí, todos los comuneros, nadie es minero. No conocen siquiera algo de geología para hacer estudios ni cuanto vale el mineral. Cualquier persona que te encuentres por aquí no te sabrá decir nada de minería porque no sabemos nada". Ese comunero estima que defender una actividad económica sin información y en donde los antecedentes involucran despojo y crimen organizado resulta difícil.

Con este nuevo pacto para el desarrollo de las Zonas Económicas Especiales (ZEE), la tercer condición que impone Mittel es que no existan movimientos sociales indígenas o mestizos, grupos de ambientalistas o cualquier opositor que obstaculice el desarrollo minero, por lo que la natural oposición a esta actividad puede resultar un foco de atención a mediano plazo.

Raymundo Ortiz Martín del Campo, asesor jurídico de varias comunidades en la sierra-costa, expresa su preocupación ante este pacto del Gobierno michoacano con la empresa acerera, que considera como la continuación del proyecto de explotación que configuró Hernán Cortés hace casi 500 años. "Michoacán ha regresado a lo peor del siglo XVI: retomando el proyecto colonizador y de despojo que alguna vez imaginó Cortés para esta costa tan rica y tan grande", sentencia Ortiz.

Este abogado agrega que las minas ilegales son posibles gracias a la existencia de la infraestructura de las minas legales y la nueva Zona Económica Especial (ZEE) es una pionera en esta configuración. No es difícil creer que esta situación encuentre la resistencia de las propias comunidades y de diversos grupos ambientalistas, que cuestionarían la necesidad de una explotación minera de las proporciones que visualiza *Arcelor Mittel* al poner en jaque la soberanía del Gobierno estatal.

Las 8,300 especies en riesgo

Árboles y vegetación serán removidos de una superficie de 14 mil hectáreas en el municipio de Ixtacamaxtitlán, en el central estado de Puebla, para dar paso a Ixtaca, una mina a cielo abierto de la trasnacional *Almaden Minerals* que explotará los metales preciosos y que ya cuenta con la autorización gubernamental.

La ambición por el oro y la plata sentencia a muerte a seis especies –un mamífero, dos aves y tres reptiles– de por sí catalogadas en grave riesgo de extinción, que habitan en la Sierra Norte de Puebla (extremo sur de la cadena montañosa mexicana denominada Sierra Madre Oriental). Incluso con la referente al impacto ambiental, a pesar de que destruirá el hábitat del mamífero *Bassariscus astatus* (El cacomixtle norteño); las aves *Spizaetus ornatus* (El águila crestuda real) y *Contopus sordidulus* (El pibí occidental); así como los reptiles y anfibios *Micrurus diastema, Anolis naufragus* y *Bufo cristatus*, todos con estatus de riesgo de extinción.

Pronto, esas seis especies podrían formar parte de la lista de plantas y animales extintos en México, que ya suma 98 especies: 15 mamíferos, 37 peces, 19 aves, un reptil y 26 plantas vasculares, según la federal Secretaría de Medio Ambiente y Recursos Naturales (Semarnat). Los estados con más pérdidas de biodiversidad son Baja California, Chihuahua, Durango y Sonora.

Otras 8.314 especies están en alguna categoría de protección, por enfrentar riesgo de desaparecer. Hace apenas 2 años, la lista era considerablemente menor: el Quinto informe nacional de México ante el convenio sobre la diversidad biológica –publicado en 2015 por la Comisión Nacional para el Conocimiento y Uso de la Biodiversidad– daba cuenta de 2.606 especies de flora y fauna en riesgo.

En Puebla, la amenaza de muerte que la mina *Ixtaca* trae consigo no sólo es para seis especies: otros seres vivos, como la hormiga *Liometopum apicolatum*, perderán su hábitat, indica el estudio Minería canadiense en Puebla y su impacto en los derechos humanos, elaborado por las organizaciones Proyecto sobre Organización, Desarrollo, Educación e Investigación (Poder), Centro de Estudios para el Desarrollo Rural, Instituto Mexicano para el Desarrollo Comunitario y la Unión de Ejidos y Comunidades en Defensa de la Tierra, el Agua y la Vida Atcolhua.

De prosperar la mina –actualmente frenada por la oposición de campesinos e indígenas que habitan Ixtacamaxtitlán–, estas especies sufrirían por la deforestación, explica la doctora Julieta Lamberti.

La mina a cielo abierto destruirá el ecosistema también por la contaminación, las vibraciones de los explosivos que emplea este tipo de minería, el ruido y la fragmentación del hábitat, detalla la investigadora de la organización Poder.

En 2017, la Cámara Minera de México reporta el inicio de ocho proyectos que se suman a los más de 100 existentes. Éstos –así como los megaproyectos energéticos, aeroportuarios, carreteros y agroindustriales– agravan la situación para centenas de especies amenazadas.

Lo mismo pasa con el crimen organizado: alrededor del 70 por ciento del mercado nacional de madera tiene procedencia ilegal, advierte el análisis Deforestación en México, del Centro de Estudios Sociales y de Opinión Pública.

En el país se deforestan 500 mil hectáreas de bosques y selvas cada año, calcula el Instituto de Geografía de la Universidad Nacional Autónoma de México. "Eso coloca en riesgo de extinción a una gran variedad de plantas y animales", indica el estudio Deforestación en México.

La gran industria es parte fundamental de esta tragedia medioambiental. "Para poder extraer una onza de mineral se tiene que dinamitar un tajo de unos 10 kilómetros: son zonas enteras de montaña que ya no existirán más. Imagine toda la población de especies que hay en esa sola extensión. A eso hay que sumarle las instalaciones de la mina, la presa de jales que es donde van a tirar los desechos. Esos lixiviados –las mezclas de sustancias químicas que permiten separar la tierra del metal– luego se filtran a los acuíferos o, como ya ha ocurrido, se derraman y llegan a los ríos", explica la doctora Lamberti.

Pero no sólo son las minas. Otro megaproyecto devastador es el Nuevo Aeropuerto de la Ciudad de México. Éste incrementa la amenaza de extinción del ave *Athene cunicularia* o lechuza madriguera, conocida como tecolote llanero.

Pero el pequeño búho de 22 centímetros es sólo una de las especies que se están viendo afectadas. El ex Lago de Texcoco (ubicado en el central Estado de México y donde se construye el aeropuerto) es una zona muy importante para la conservación de aves migratorias que viajan desde Canadá y Estados Unidos.

Por lo menos hay 200 especies de aves endémicas ahí: los 11 cuerpos de agua son su hábitat. Pero ni las constructoras ni la autoridad se responsabilizan de la protección de esas especies en grave riesgo de desaparecer.

Una red de resistencias

Pepe Rechy vive en un municipio del estado mexicano de Puebla llamado Libres, rico en agua subterránea y con enormes montañas donde comienza la Sierra Norte. Se dedica a la elaboración de productos lácteos y a la siembra, aunque también está interesado en temas sociales. Hace dos años se enteró de que su casa estaba dentro de una de las cinco enormes concesiones de exploración minera en Libres, las cuales están a cargo de filiales de la corporación canadiense Almaden Minerals.

"Son dos o tres pedazos: de mi barrio, San Miguel, para arriba. Estamos encima de la concesión minera", relata con sorna.

"Es una de las actividades que al Gobierno le ha dado mucho por impulsar y ha abierto camino por medio de reformas estructurales. Ciertamente veo que las empresas van, sondean el territorio concesionado. Es un factor en alerta roja que genera muchos conflictos en muchas zonas del país: Oaxaca, Chiapas, Guerrero. Es un problema muy complicado", abunda.

"Estamos en un buen momento para la minería porque los minerales, como muchas materias primas, están en su mejor momento de precio de la historia contemporánea", afirmó en 2011 en la XXIX Convención Internacional Minera de Zacatecas el expresidente Felipe Calderón, el que mayor número de concesiones ha otorgado.

En ese entonces, Calderón destacó que México era el primer exportador de plata a nivel mundial y el noveno en producción de oro. El éxito terminó un año después.

En un sitio web creado por la propia secretaría de Economía se pueden observar por capas las concesiones mineras en todo el país. Cualquier usuario puede consultarlo, además de revisar también las asignaciones petroleras. Al aplicar la capa de concesiones, prácticamente una tercera parte del territorio nacional se ilumina con polígonos, que son cuadros donde las empresas tienen derecho a explorar. Muchas personas han averiguado en esta web si su hogar o municipio está en una concesión.

De acuerdo con una base de datos publicada por el diario 'El Universal', Colima es el estado con más territorio concesionado para la minería con un 40%. Le siguen Zacatecas con casi el 39%, Baja California, Jalisco, Sonora y Sinaloa con cifras que van del 30 al 35%.

Mario Cantú, coordinador general de Minería de la Secretaría de Economía, estimó al comenzar el año que 2016 podría ser un punto de inflexión en el sector, pues el Gobierno federal proyecta que México captará 5.000 millones de dólares de inversiones, principalmente con las minas de oro.

En noviembre del 2015, el diario *La Jornada* publicó una

nota con un título provocador: '¡En 10 años las mineras extrajeron cuatro veces más oro que en tres siglos de colonia!' Y ofrecía cifras de la Secretaría de Economía: "En los últimos 10 años, las empresas mineras extranjeras y nacionales han obtenido del subsuelo nacional 774 toneladas y 667 kilogramos del metal áureo. Durante los tres siglos de colonia la minería novohispana extrajo 190 toneladas de oro".

El 70% de los 92 millones de hectáreas concesionadas en el territorio nacional está en manos extranjeras. En abril del 2015 la Cámara Minera de México (Camimex) informó en un reporte que la mayor parte de esas mineras son canadienses, con 207 proyectos; estadounidenses con 43 proyectos; chinas con 8 proyectos; australianas con 6; japonesas con cinco y además de 11 de otros países.

Actualmente, siete de las mayores minas de oro en México están concesionadas a las empresas canadienses *Goldcorp*, *Agnico Eagle*, *Alamos Gold*,

New Gold, *Yamana Gold* y *Torex Gold Resources*.

Estos proyectos necesitan de grandes cantidades de agua. El sitio Cartocrítica ofrece un mapa con información sobre las concesiones de agua para la minería, una de las industrias más intensivas en el consumo de agua y las consecuencias sobre la disponibilidad y calidad del agua.

"Esta visita a Canadá, realizada en junio de 2016 por Enrique Peña Nieto, ayudó a seguir impulsando todo esto. Quedan legalmente dueñas del país", acusa Pepe Rechy.

La organización Poder, dedicada a la investigación de corporaciones, dijo el pasado 22 de junio que la empresa canadiense *Almaden Minerales* tiene 14 concesiones que representan alrededor del 12 por ciento del territorio de la Sierra Norte de Puebla, unas 120.000 hectáreas, y el 73 por ciento del total de la superficie de las concesiones. La concesión que tiene la minera canadiense en Libres, hogar de Rechy, fue otorgada el tres de junio del 2008 y termina en el 2056. Abarca 3.469 hectáreas.

Gustavo Castro, defensor de derechos ambientales y miembro fundador de la Red Mexicana de Afectados por la Minería (REMA), cuenta que hay tres contextos que considera importantes: la actividad minera dentro de todo un entramado de actividades como la extracción de petróleo y gas, los monocultivos y las represas, que llama "extractivismo".

Para Castro, la modificación de las leyes nacionales, como el artículo 27 constitucional en 1994, que habla de la privatización de la tierra, además de la modificación a la Ley Minera y las Reformas Estructurales del Gobierno actual, prepararon el terreno para la megaminería.

"Hay mecanismos de corrupción, y división para garantizar que los ejidos vendan sus tierras. Y en estos años han tratado de expulsar a comuneros o ejidatarios", denuncia Castro, testigo del asesinato de la ambientalista Berta Cáceres en Honduras.

México es el país que más conflictos mineros tiene en el continente, de acuerdo con el reportaje de *Forbes*. En Carrizalillo, cerca de la Normal de Ayotzinapa, la empresa canadiense *GoldCorp* tiene una de las mayores minas de oro del mundo. Además de la destrucción que sufre el lugar, la comunidad ha quedado mermada en medio de muchos conflictos con el crimen organizado. El Centro de Derechos Humanos de la Montaña Tlachinollan explica la problemática:

"En el estado de San Luis Potosí, el cerro de San Pedro ha sido totalmente devastado por una filial de la empresa canadiense *New Gold* a pesar de haberle ganado amparos. La comunidad de San Pedro se encuentra amenazada por los residuos tóxicos que dejó la actividad minera".

En México incluso hay víctimas de represión por su

oposición a la minería. En Chicomuselo, Chiapas, fue asesinado en 2009 el ambientalista Mariano Abarca, que se oponía a la apertura de una mina de la empresa canadiense *Blackfire*.

José Rechy cuenta que en Libres la empresa sigue en la etapa de exploración, pero detalla: "Las autoridades hacen una negación total. Dicen que no va a pasar nada".

En Libres las concesiones abarcan más de 33.000 hectáreas. Una de esas grandes concesiones ya se ha explorado, la que está cerca del hogar de Rechy. Después de la exploración, relata, viene la etapa de la construcción de la mina a cielo abierto.

Sin embargo, la mayoría de estos proyectos están detenidos en México. Gustavo Castro cuenta que las empresas esperan las mejores condiciones para poder entrar en los territorios, especialmente cuando hay mucha oposición.

En México hay alrededor de 2.000 comunidades que se han declarado "blindadas" o "libres" de estos proyectos, cuenta Castro. Algunos ejemplos son la turística Cuetzalan, en la Sierra Norte de Puebla, diversos pueblos en Morelos, el municipio de Escuintla en Chiapas, la montaña de Guerrero, o los ejemplos de Zacualpan, pueblo náhuatl ubicado a las faldas del volcán de Colima.

"La sociedad, la gran mayoría, cuando ha habido movilización se declara en contra de la minera. A veces perdemos de vista el problema como si no fuera a pasar. La gente todavía es incrédula", cuenta Rechy.

En 2008 surgió la REMA en un encuentro de diversas comunidades afectadas por represas. Aquel año, los pueblos cayeron en cuenta que había proyectos mineros en sus territorios.

A partir de entonces, la REMA coordina campañas de

concienciación, reuniones, foros para compartir experiencias sobre los efectos de la minería. También promovió la creación de un frente llamado Movimiento Mesoamericano contra el Modelo Extractivo Minero junto a diversas comunidades de Centroamérica.

En julio de 2016 se celebró a nivel mundial la Sexta Jornada Contra la Megaminería, así como el Encuentro Mexicano de Resistencias Contra el Modelo Extractivo Minero en Miacatlán, Morelos. Castro cuenta que la intención de estos foros es la "conciencia".

Aquila, Michoacán

Le avisaron a las 2 de la mañana que iban a ir ellos. Un fuerte operativo estaba preparado para detener al grupo. Tuvieron que salir huyendo y esconderse. Ese día, el 14 de agosto de 2013, él y 45 hombres fueron detenidos tras un operativo de enormes proporciones, que contó con la participación no solo de la policía municipal de entonces, sino también del Ejército y la Marina, así como de policías ministeriales. El objetivo era desestructurar al grupo de autodefensas que se había levantado, pocos meses antes, contra el crimen organizado; en concreto, contra los Caballeros Templarios.

Pero esto sólo es la punta del iceberg, ya que detrás de la detención del grupo de activistas está la lucha contra la apertura de la mina de hierro, desde 2005, propiedad de la empresa de capital italo-argentino *Ternium* y, previamente, de la compañía *Hylsa*. El proyecto nunca fue aceptado por la comunidad de Aquila, en

Michoacán, pero a pesar de la oposición, comenzó sus actividades en 1971.

A raíz de la oposición a esta mina por la contaminación que ha generado en el río Aquila y sus afluentes, así como en las montañas circundantes, varios miembros de la comunidad indígena se organizaron para denunciar los efectos de la minería intensiva y para señalar que, además, la empresa no paga las regalías correspondientes a los comuneros que les han rentado los predios en donde están sus instalaciones.

Así de claro lo explica Agustín Villanueva, un personaje central en la lucha contra la minera *Las Encinas*, propiedad de la empresa *Ternium*, en el municipio de Aquila, en Michoacán, que fue detenido por oponerse a la empresa minera. Tras cuatro años preso, Agustín narra que el vé "145 tractocamiones cargados día y noche, viajando con cargas de hierro sin cubrir". Lo más delicado, señala, "es que las mujeres embarazadas están absorbiendo el plomo". Se trata de daños que están aún pendientes de corregir.

De mirada penetrante y gestos tranquilos en sus palabras, él es miembro de "una familia muy pobre y muy grande", con muchos de sus hermanos y hermanas como migrantes en los Estados Unidos. Sin embargo, el activista, de profesión ganadero, ha permanecido en su comunidad para luchar contra una empresa minera que parece querer todas las tierras para continuar la explotación mineral neoliberal a ultranza.

El caso de la minera *Las Encinas* es un ejemplo muy claro del vínculo entre los factores de riesgo para quien se opone a proyectos que impliquen el despojo de los recursos naturales. "Digamos que ellos, todo el tiempo que han estado aquí dividen a la comunidad. Siempre están pendientes de las políticas de los partidos. Cuando van a ser elecciones de presidentes municipales, siempre están ellos pendientes, para darle dinero a un partido y darle otra parte igual al otro partido; lógicamente, para ellos no perder", explica Villanueva, y continúa: "La empresa quiere ampliarse, quiere unos "terreros", según les llaman ellos. Me dicen que los "terreros" son donde necesitan depositar materiales que al momento de explotar no les sirven". Además, con preocupación, cuenta que la empresa *Ternium* ya se llevó el mineral de dos lotes para explotarlo, sin contar con el permiso de la comunidad. Según Villanueva, *Ternium* quiere un lote que está junto a otro terreno conocido como *Cerro del Buey*, que contiene hierro y, por ello, está en la mira para ser explotado. En la comunidad indígena de Aquila se ha luchado por defender estos lotes, "porque los señores de la empresa minera que ahí estaban trabajando, los querían vender a los malandros (crimen organizado), fue por eso que yo me vi en la necesidad de arreglar eso", señala con aplomo.

Existe temor de que los proyectos mineros que se avecinan sobre la región, en específico los que han sido anunciados a partir de la creación de la Zona Económica Especial (ZEE) y que serán patrocinados por la empresa india Arcelor Mittel, no se lleven a cabo con el acuerdo de las comunidades indígenas, lo que podría desembocar en conflictos graves.

Villanueva señala que es necesario que el Gobierno mexicano en sus tres niveles "tome en cuenta a las comunidades" para "que no haya más sangre, que no haya más muertos". "Ojalá que el Gobierno tome en cuenta eso para vivir la fiesta en paz". Frente a este panorama, el papel de Agustín Villanueva es clave: su trayectoria de lucha y de conocimiento de la región le ayudan a consolidarse como uno de los referentes para denunciar los abusos de las empresas mineras, el despojo de los recursos naturales y las posibles vinculaciones entre empresas, crimen organizado y partidos políticos.

Tras pasar más de cuatro años en prisión y haber sido acusado de delitos que no fueron comprobados, el luchador medioambiental no se descuida y se rodea de gente de confianza, consulta con su abogado constantemente y se mantiene atento a lo que pasa en el amplio territorio de Aquila, a la espera de poder reactivarse y continuar la lucha de manera pacífica.

San Miguél del Progreso, Guerrero

La comunidad mexicana de San Miguel del Progreso, en el municipio de Malinaltepec, Estado de Guerrero, ha obtenido un amparo histórico que protege sus territorios de la actividad minera.

El patrocinio de la comunidad, compuesta por 4.500 hectáreas y 3.800 personas, fue otorgado a finales del pasado mes de junio por la Jueza Primera de Distrito, Estela Platero Solano. Según los indígenas, en su territorio han existido 44 concesiones mineras, la mayoría de las cuales provienen de Canadá y de Perú. La mitad de ellas han sido canceladas.

En una conferencia de prensa celebrada en el Centro Miguel Agustín Pro Juárez, se justificó la decisión de otorgar patrocinio y protección a la comunidad y a sus territorios por "resultar esencialmente fundados los conceptos de violación y, por ende, quedar demostrado el incumplimiento de la obligación constitucional y convencional del Estado mexicano de respetar los derechos de esta comunidad indígena agraria".

Por su parte, el presidente del Comisariado de Bienes Comunales de la Comunidad, Valerio Amado Solano, subrayó que el amparo a favor de los indígenas se debe a la lucha que emprendieron los pobladores hace unos siete años. "Rechazamos a las empresas mineras en nuestra comunidad", recalcó Valerio Amado.

Este es el segundo amparo que obtienen los indígenas frente a la amenaza de la esfera de minería en su territorio. La primera victoria de esta comunidad tuvo lugar el 12 de febrero de 2014.

La Sierra Norte, Puebla

Más de la mitad de la Sierra Norte del Estado que en 1862 venció al ejército napoleónico se enfrenta a lo que ven como una nueva y lenta "invasión extranjera". Como consecuencia de los cambios en la Ley Minera de México y la reciente Reforma Energética, más del 50 por ciento del territorio de esta región se encuentra concesionada para proyectos de extracción minera que, principalmente, están en manos canadienses.

Este nuevo proceso de "invasión" ha sido lento, al contrario que la intervención francesa, que tuvo su punto álgido en la batalla del 5 de mayo, celebrada en México como un triunfo en contra del intervencionismo extranjero, y que campesinos de la sierra poblana narran todavía por la participación de sus abuelos en las batallas contra el ejército francés napoleónico que pretendía imponer un régimen títere en México.

Actualmente, los habitantes de pueblos como Tetela de

Ocampo, Zaragoza, Cuetzalan, Zacapoaxtla, se ven hoy amenazados por proyectos mineros, *fracking*, hidroeléctricas y estaciones de tendido de luz y mantienen la misma postura que sus ancestros ante el intervencionismo. En 2014, cuando diversos pueblos serranos ya conocían los contratos que ponían a municipios como Ixtacamaxtitlán en riesgo de exploraciones mineras canadienses, los campesinos afirmaban: "Si pudimos con los franceses, ¿cómo no vamos a poder con los canadienses?".

Empleados de la corporación canadiense Almaden Minerals y su filial mexicana, Gorrión, entraron por la fuerza en terrenos de una comunidad llamada Loma Larga en el municipio más grande de la sierra, Ixtacamaxtitlán.

Ignacio Carmona Cruz, habitante del lugar, cuenta que la minera canadiense ha actuado con agresividad y entrado sin permisos y amenazas: "No es posible que gente extranjera venga a quitar lo que es de nuestro país, venga a despojarnos de lo nuestro, a quitarnos el agua, la tierra, nuestra vida, prácticamente por ambiciones del oro y plata que hay aquí".

"Hoy más que nunca es una fecha conmemorable que nuestros antepasados nos dieron libertad por otras personas que nos quisieron invadir", finaliza Carmona, recordando la batalla que los habitantes de esta región libraron el 5 de mayo de 1862.

La minera canadiense pretende extraer oro y plata de Ixtacamaxtitlán y tienen una concesión de exploración por 56.000 hectáreas. La concesión es por medio siglo, es decir, terminaría en 2062, dos siglos después de la intervención francesa. Extraería 7.500 toneladas de material al día y emplearía 1.095.000.000 millones cúbicos de agua por año.

Pachuca, Hidalgo

Estatuas de mineros, palas y carros de carga monumentales se muestran con orgullo en la autopista que da la bienvenida a la ciudad de Pachuca, capital del Estado de Hidalgo.

La vida de esta ciudad, ubicada a poco más de una hora de la capital mexicana, gira desde su fundación colonial en tono a la extracción de oro y plata.

La simbología del lugar está tan ligada a la vida bajo tierra, que el fútbol, los comercios y el nombre de la nueva red de transporte privado se relaciona con las tuzas, el roedor que cava madrigueras para resguardarse en la tierra.

Sin embargo, pocas personas se preguntan dónde queda el despojo de cinco centurias de extracción minera y cuál es el largo historial de efectos que esta actividad ha dejado en la población.

En la primera manifestación de afectados ambientales de Hidalgo, que decidieron recorrer Pachuca con pancartas y consignas para llamar la atención sobre los fuertes problemas ambientales que viven, han exigido una solución a las instituciones.

Hilario Encarnación, presidente de Comunidades Unidas de Zimapán, AC, cuenta al portal *RT* que su municipio tienen una problemática de contaminación por parte de las empresas extranjeras que explotan los desechos de la minería en un tiradero que después es tratado mediante químicos.

Según explica, esta clase de proyectos existen en todo el Estado, pues, históricamente, Hidalgo ha sido el vertedero de desechos de la Ciudad de México y lugar idóneo para plantar proyectos contaminantes con diversas consecuencias para la salud de la población.

"Por eso las movilizaciones y por eso este frente de

asociaciones. Ya es alarmante el grado de muertes por insuficiencia renal y el aumento de los casos de cáncer", denuncia Encarnación.

Carlos Montaño es originario de Epazoyucan. Su municipio, ubicado a 20 minutos de Pachuca, nunca ha tenido nada que ver con la minería. Sin embargo, cuenta que desde hace dos años se enteraron de la existencia de un proyecto de traslado de 120 millones de toneladas de "jales", los desechos tóxicos de todo el historial minero de Pachuca.

"Nadie nos preguntó si queríamos el proyecto. Nos enteramos mediante un periódico local donde, a bombo y platillo, se anunciaba la construcción del proyecto", denuncia Montaño.

Las presas de jales, las albercas que contienen los desperdicios de la minería, están en la zona metropolitana de Pachuca y del municipio de Mineral de la Reforma. El propio estadio de fútbol de Pachuca está sobre albercas de jales.

Con el proyecto Pachuca, los residuos serían transportados mediante un "jaleoducto" hacia Epazoyucan para sacarles todavía más oro y plata con todos los químicos correspondientes.

El proyecto Pachuca implica, además, un centro de investigación, espacio para universidades y desarrollos inmobiliarios promovidos tanto por el Gobierno estatal como por el federal.

"En Pachuca no hay un estudio completo de daños de minería. La mayoría de gente tiene conjuntivitis y problemas en las vías respiratorias", concluye Montaño.

Una investigación de la Universidad Autónoma del Estado de Hidalgo da cuenta de los efectos de la minería desde el siglo XVII. El estudio denomina a Pachuca como "sociedad minera" y aborda desde las malas condiciones en las que viven los mineros y la primera huelga minera de todo el continente en Pachuca.

Sin embargo, el estudio constata que no hay registros históricos sobre la incidencia de mortandad en mineros y en sus familias por la actividad minera.

"El Gobierno se ha encargado de ocultar ante el país los efectos de tanto tiempo de minería. En el propio estado no tenemos cifras oficiales", admite Montaño.

Hidalgo no sólo sufre los estragos de 500 años de minería, ya que desde hace cinco décadas alberga una refinería de petróleo, cementeras, una planta termoeléctrica, un basurero nuclear, siendo, además, destino de las aguas residuales de la Ciudad de México.

Además, la calidad del aire de la ciudad de Pachuca ha empeorado y la propia capital afronta problemas de urbanización salvaje y privatización de los servicios de transporte público.

Podría parecer que en Pachuca no pasa nada, pero la gente se ha movilizado continuamente por estos problemas. En Zimapán se detuvo en 2010 un basurero tóxico con capital español, recuerda *La Jornada*. Hoy todavía se manifiestan ante la contaminación de la minería.

Vecinos de los municipios de Tizayuca y Temascalapa (este último del Estado de México) marchan bajo el sol. Insisten en los efectos nocivos, como la alta incidencia de cáncer y leucemia, que el Centro de Almacenamiento de Desechos Radiactivos (Cader) ha dejado en la población desde hace décadas, informa *Proceso*.

Ahora se enfrentan a la instalación de una incineradora de 2.800 toneladas diarias de basura que afectaría a al menos 16 municipios de Hidalgo y el Estado de México.

"La gente creyó que la energía era para sus casas. En agosto fue el gobernador y el presidente municipal y pusieron la primera piedra. Ya tenemos un panteón nuclear en los setenta y ahí sigue. La gente ya manifiesta enfermedad con el panteón nuclear", dice una vecina del lugar que prefiere mantener su nombre bajo anonimato.

En la manifestación caminan también los afectados por la *Presa Endhó*, construida en 1957 para concentrar las aguas del Río Tula y receptora desde 1972 del agua residual del entonces Distrito Federal.

Hoy el lugar es "la gran cloaca de los desechos de la capital", como lo define la Asamblea Nacional de Afectados Ambientales, un frente de la sociedad civil dedicado a denunciar la contaminación en México.

En la manifestación también aparecen integrantes de la lucha interestatal contra el gasoducto Tuxpan-Tula, que la empresa *TransCánada* pretende hacer pasar por el territorio de diversas comunidades indígenas de Veracruz, Puebla e Hidalgo. Sin embargo, faltan habitantes de la región de Tula-Tepeji, afectados por la refinería de petróleo, una planta termoeléctrica y las cementeras (Hidalgo es el primer lugar nacional en producción de cemento) que, de acuerdo con La Jornada, emiten dióxido de carbono y generan enfermedades desde hace décadas.

Ante este complejo tejido de proyectos contaminantes, las comunidades de Hidalgo decidieron organizar un Congreso Ciudadano para entrar en diversas mesas de diálogo ante la Comisión de derechos humanos de Hidalgo, la Secretaría de Medio Ambiente y a la Procuraduría Federal de protección al ambiente, aunque sin obtener resultados.

Por esta razón, al recorrer las calles de Pachuca y visitar las sedes de estas dependencias gubernamentales insisten en no entablar más mesas ni firmar minutas de reuniones. Ahora piden un diálogo con el gobernador Omar Fayad Meneses, que lleva pocos meses en el cargo.

Frente a la casa de Gobierno, que clausuraron simbólicamente mientras automovilistas y habitantes de Pachuca los miraban, todas estas personas afectadas por la contaminación del lugar dejaron claro su posición con un grito unánime:

"No queremos papelitos ni mesas de diálogo. Tenemos colección de documentos, pero queremos hablar con el gobernador". Y reclaman: "Que salga como cuando nos pidió el voto".

Hidalgo nunca ha vivido una transición de partido político. Si bien el Partido Revolucionario Institucional salió del poder a nivel federal en el año 2000, entidades como el Estado de México e Hidalgo nunca han sido gobernadas por otro partido. Hombres poderosos de este Estado han formado parte del Gobierno del presidente Enrique Peña Nieto.

Jesús Murillo Karam, responsable de la "verdad

histórica" sobre el caso Ayotzinapa, cuando fue procurador de justicia federal, gobernó Hidalgo de 1993 a 1998.

El actual ministro de Interior de México, Miguel Ángel Osorio Chong, que lidera las encuestas dentro del Partido Revolucionario Institucional (PRI) para ser candidato a la presidencia de la república en 2018, gobernó el Estado entre 2005 y 2011. Durante la gestión de Osorio Chong comenzó el proyecto Pachuca.

"Nunca ha habido un cambio aquí" dice Carlos Montaño. Y agrega: "Fue en su Gobierno que contempla zona conturbada para el traslado de jales. Él tiene intereses en el proyecto".

Morelos, la tierra de Zapata

Parecía una foto moderna de la Revolución mexicana; pero las personas no traían armas, sino pancartas.

Como lo hiciera en diversas ocasiones a lo largo la historia, la población de Morelos, el estado donde nació el célebre general Emiliano Zapata, organizada en más de 400 autobuses, partió en 2016 de Morelos rumbo a la Ciudad de México para denunciar la situación de su estado.

Si bien la larga caravana fue detenida en la caseta del bosque de Tlalpan, una de sus comisiones logró dirigirse a la Secretaría de Gobernación mexicana (su Ministerio del Interior) para exigir que el gobernador Graco Ramírez sea removido de su cargo, afronte un juicio y surja en Morelos "un Gobierno de reconciliación".

Morelos está al sur de la capital de México. Tiene una

vocación turística, pero también rural y de defensa de la tierra. Allí no solo nació Zapata, Morelos es el lugar en el que los zapatistas construyeron una comuna y ejercieron la posesión de la tierra.

Un siglo después, Morelos es un polvorín: destrucción del medioambiente; violencia —1.700 homicidios dolosos desde que tiene nuevo Gobierno—; 155 feminicidios, que provocaron que la región fuera la segunda entidad en declarar una 'alerta de género'; y, de acuerdo con el Consejo Nacional para la Evaluación de la Política Social (Coneval), el estado mexicano donde más creció la pobreza.

Lo que ocurre en Morelos salió a la luz por el caso del poeta Javier Sicilia, quien perdió a su hijo a manos del crimen organizado en marzo de 2011. Después del crimen, una caravana partió de Morelos hasta llegar a la Ciudad de México. En ese momento nació el Movimiento por la Paz con Justicia y Dignidad (MPJD), el cual difundió a gran escala la crisis humanitaria que vive México desde que el expresidente Felipe Calderón declaró la guerra al narcotráfico en 2006.

Javier Sicilia cuenta en entrevista a RT que la movilización en Morelos se debe a dos factores: la violación a los derechos humanos y "la mentira como forma de gobierno" que ejerce Graco Ramírez, el gobernador del estado.

Por ello, el 16 de agosto aconteció la manifestación más grande en la historia de la entidad, conocida como la Marcha por la seguridad, la justicia y la dignidad de Morelos, explica Roberto Ochoa, director de extensión universitaria de la Universidad Autónoma de Morelos (UAEM).

Ahí surgió el Frente Amplio Morelense (FAM), para exigir la salida del gobernador.

En el FAM se encuentran las víctimas que se agrupan desde hace cinco años en el Movimiento por la Paz con

Justicia y Dignidad (MPJD); la Asamblea Permanente de Pueblos, que se reúne desde hace dos años; trabajadores del servicio público inconformes con la reforma legal del Instituto de Crédito; transportistas en contra del proyecto de transporte metropolitano Morebus; y la UAEM.

En 2015, el Consejo Ciudadano para la Seguridad Pública y la Justicia Penal determinó que, el año anterior, Morelos tuvo el índice de violencia más alto de todo México. La violencia no se detiene desde entonces.

Javier Sicilia insiste que en Morelos se cometen crímenes de lesa humanidad, especialmente en las fosas de Tetelcingo, cercanas a la ciudad de Cuautla. En estas fosas habían cuerpos identificados que no habían sido entregados a sus familiares, cadáveres sin necropsia y restos de personas reportadas como desaparecidas.

También en esta semana, la UAEM presentó el informe

'Fosas clandestinas de Tetelcingo: interpretaciones preeliminares', como resultado de su labor de acompañamiento de las víctimas.

La UAEM determinó que había 117 cadáveres —el 93 por ciento no están identificados— y nueve bolsas; 84 de esas personas sufrieron una muerte violenta y fueron enterradas ilegalmente por la Fiscalía del Estado.

Sicilia destaca que el mismo día en que el MPJD conmemoraba su tercer aniversario —fecha en la que se había declarado el día estatal de las víctimas— el Gobierno abrió estas fosas.

Morelos sigue siendo un estado agrario. Sicilia cuenta que la modernidad tal cual no entró al estado gracias al zapatismo: "Ahí se realizaba día a día el lema de zapata: tierra y libertad".

Sin embargo, en el actual gobierno, dice el poeta, la geografía de estos pueblos campesinos es cambiada por proyectos de minería a cielo abierto en la zona de Xochicalco, la ampliación de una autopista por Tepoztlán y por el Proyecto Integral Morelos, que consta de dos centrales termoeléctricas en el pueblo de Huexca, un gasoducto y un acueducto en Cuautla que tomaría el agua del pueblo de Apatlaco.

"No son intereses de la gente, destruyen la vida tradicional de las personas", sostiene Sicilia.

El poeta opina que esos territorios no son sólo de las poblaciones campesinas de Morelos: "Son de todos, porque permiten la vida y su destrucción ha permitido que florezca el crimen organizado".

La caravana rumbo a la Ciudad de México sucede después de que ya no existen en Morelos vías legales para exigir la renuncia del gobernador. La figura de revocación de mandato contemplada en la Ley de participación ciudadana fue derogada por el Congreso de Morelos.

Al comenzar el 2016, la sociedad civil y la UAEM buscaron promover una iniciativa de juicio político, pero no prosperó.

El 5 de junio de 2012, todavía como candidato, Graco Ramírez escribió en su cuenta de Twitter: "Cada dos años, como gobernador de Morelos, me someteré a votación para que la gente decida si me quedo o me voy. Habrá revocación de mandato".

Pero el 26 de agosto de 2016, el gobernador dijo en una reunión de su partido: "no me limites, no me limites", haciendo referencia a que buscará la presidencia del país. Además, comentó que las fosas de Tetelcingo eran "comunes" y no ilegales. Días antes había dicho que "fuerzas conservadoras" confabulan contra él.

El 30 de agosto, pobladores de Morelos se reunirán con el subsecretario de Derechos Humanos de la federación, Roberto Campa, para hablar de las fosas de

Tetelcingo y presentar pruebas para sustentar su demanda de destitución del gobernador.

Si Graco Ramírez cae, cuenta Sicilia, los pueblos de Morelos podrán promover una mesa para buscar solución a todos sus agravios y, de paso, buscar una nueva constitución para el estado.

"Podemos poner el ejemplo de lo que sería un nuevo pacto social", asevera.

Wirikuta, San Luís Potosí

Pueblos campesinos, iglesia e integrantes del pueblo originario wixárika, conocido comúnmente en México como huichol, frenaron parcialmente el proyecto de un basurero tóxico que, de realizarse, afectaría la región del Altiplano del estado central de San Luis Potosí, incluida la ruta de peregrinaje ancestral sagrada conocida como Wirikuta.

"De ahí descendemos nosotros. Lo vemos como el corazón de nosotros mismos. Un niño es llevado ahí como los católicos van a la Basílica de Guadalupe", dice el comunero wixárika Trinidad Chema.

El comunero, coordinador de la Mesa de Arte y Cultura del Consejo Regional de Wirikuta, explica que su pueblo está preocupado por el Confinamiento de Residuos Tóxicos Palula, nombre oficial del proyecto, que se encuentra en una enorme propiedad, casi un latifundio, del empresario José Cerrillo Chowell.

El confinamiento encuentra a cargo del Centro de Ingeniería y Tecnología Sustentable Palula SA de CV (CITSU). Anualmente recibiría 185.000 toneladas de residuos industriales producto de la minería como el cianuro y el mercurio.

Cerrillo Chowell, exdirigente de la Cámara Minera de México, pidió permiso para construir el vertedero en un terreno de 600 hectáreas en el municipio de Santo Domingo, aunque la instalación solo requiere de 20 hectáreas. Pueblos de los municipios colindantes de Cerda, Charcas, Guadalcázar y Catorce ya manifiestan su temor a los escurrimientos contaminados que podría originar el basurero.

"El agua envenenada llegaría a Real de Catorce, donde recolectamos el jícuri. Hacemos esta defensa del agua y la vida porque debemos llevar el agua de esta región a los lugares donde provenimos", explica Trinidad.

Este pueblo originario es famoso por sus coloridas vestimentas y artesanías y por el uso ritual y medicinal del jícuri o peyote, una cactácea de propiedades alucinógenas.

"Contamos con cinco puntos de peregrinación, pero donde llegan más peregrinos es a Wirikuta, porque ahí se encuentra su medicina tradicional. Ahí apareció el sol y el venado azul", cuenta Trinidad Chema.

Wirikuta pertenece a la Red Mundial de Sitios Sagrados de la UNESCO desde 1994 y fue nombrado Área Natural Protegida por el gobierno de San Luis Potosí en 1998.

En septiembre del 2013 el pueblo wixárika, aliado con artistas y organizaciones ecologistas, logró la suspensión de diversas concesiones mineras otorgadas en 2010 por el Gobierno federal a las empresas canadienses *First Magestic*, *Universo* y a la firma mexicana *Frisco*, propiedad del hombre más rico de

México, Carlos Slim.

"Tenemos paradas las concesiones mineras, pero ahora también queremos ser parte de la defensa en contra del basurero", explica Trinidad Chema.

Además del pueblo wixárika, campesinos del municipio de Santo Domingo serían directamente afectados por el confinamiento.

Manuel Villanueva, nativo del lugar, explica que se enteraron del problema en 2015, pero el proyecto existía desde el 2012. Sus impulsores intentaron primero ganarse la confianza de la población local con dádivas como licuadoras, pintura, piso, cemento. Solo más tarde les informaron de la construcción de un basurero, pero de aceites y estopas. Entonces ellos buscaron quién los asesorara, conformaron un comité y junto con la diócesis de Matehuala se enteraron del verdadero carácter del proyecto.

Villanueva explica que el Altiplano es una región de lluvias fuertes y atípicas. La parcela que él posee es de 150 metros y en pocas horas de lluvia el agua llega a más de un metro. Toda esa agua va a dar a Wirikuta. Más de 40 ejidos y propiedades están en un radio de 100 kilómetros cercanos al basurero.

"Afecta todo, la salud, los animales y el aire, que no tiene fronteras. Y mantos acuíferos que no son profundos, pues los pozos de agua están a tres y cuatro metros", explica.

El abogado Guillermo Luévano, de la Clínica de la Facultad de Derecho de la Universidad Autónoma de San Luis, aclaró que después de que habitantes de Santo Domingo promovieran un amparo, un juez invalidó los permisos que las autoridades del municipio de Santo Domingo y la Secretaría de Medio Ambiente y Recursos Naturales (Semarnat) otorgaron para la construcción del confinamiento.

Sin embargo, el proyecto no está cancelado totalmente, pues el juez todavía no emite una sentencia. A cambio, el basurero no puede comenzar a operar.

Luévano detalla diversas irregularidades para la aprobación del proyecto: falta de consulta a la población, falta de un estudio ambiental regional por el tamaño del proyecto y la falsificación de actas de asamblea. Además, el proyecto no tiene un plan de contingencia ambiental y el polígono que autoriza la Semarnat en 2014 está fuera del estado.

"No debemos bajar la guardia, el que se gane el amparo no nos libera del problema", dice Villanueva.

Y culmina: "Estamos acostumbrados a salir adelante solos, el Gobierno no nos da nada. Creemos en lo que hay ahí, en ese lugar que tiene un valor: el arraigo a la tierra".

La Sierra Juárez, Oaxaca

El 22 de mayo, como parte de las acciones previstas en el nuevo Gobierno del estado mexicano de Oaxaca, su titular, Alejandro Murat, hizo dos grandes anuncios sobre infraestructuras: en primer lugar, señaló que se harían las reparaciones necesarias de la carretera existente entre el municipio de Tuxtepec y la capital oaxaqueña; en segundo lugar, anunció la construcción de una "supercarretera" que uniría con mayor rapidez estas dos localidades y, para ello, inició la solicitud de más de 100.000 millones de pesos —5.600 millones de dólares— al erario público.

La región de Tuxtepec colinda con el estado de Veracruz y tiene una conexión estratégica con las rutas comerciales y el acceso al puerto del golfo de México. Este proyecto se enmarca en la puesta en vigor de las Zonas Económicas Especiales (ZEE), una estrategia anunciada desde 2014 y que ahora cobra forma en el desarrollo de infraestructura necesaria para actividades económicas como la minería, la producción de energía eléctrica y la consolidación de corredores industriales de norte a sur e interoceánicos.

Para el investigador de la Universidad Nacional Autónoma de México, Mateo Crossa, las ZEE "serán un proyecto renovado del libre comercio" en México, "los enclaves del siglo XXI" donde operará el capital transnacional, "desde la industria hasta las finanzas, la extracción de recursos naturales, el turismo, etc".

Para Crossa, "resulta evidentemente falsa la idea alentada incansablemente por políticos y empresarios que promueven las ZEE como proyectos de desarrollo y crecimiento para la zona sur del país –donde "el gran capital extranjero y nacional ya existe" y "superexplota la fuerza de trabajo y despoja de tierras a los pueblos indígenas"– , con lo cual "vendrán a renovar ese modelo, a ponerle más gasolina al motor de la explotación y el despojo".

En este contexto, las comunidades zapotecas que habitan en la región de Sierra Juárez no se muestran del todo conformes con el anuncio de Murat y, mucho menos, con el hecho de que su territorio sea visto como un botín al cual hay que exprimir hasta las últimas consecuencias. En otras regiones de Oaxaca, la explotación minera y la destrucción de zonas con un amplio nivel de biodiversidad son ya una realidad y esto no ha venido acompañado de mejoras en las condiciones de vida de las personas afectadas.

Los pasados 27 y 28 de agosto de 2017, apoyados por la organización Servicios Universitarios y Redes de Conocimiento en Oaxaca (SURCO) y por la Unión de Organizaciones de la Sierra Juárez de Oaxaca (UNESJO), las comunidades posiblemente afectadas por las ZEE realizaron un foro regional para informarse y discutir acerca de este proyecto carretero y de otras iniciativas, como las concesiones mineras y las hidroeléctricas que están destinadas a esta región.

La comunidad oaxaqueña de San Juan Yagila fue la sede del Foro por la Defensa de Nuestros Territorios Zapotecas ante las Amenazas de los Megaproyectos, una reunión que contó con la asistencia de autoridades comunitarias de la región, así como con la participación de profesores y alumnos de las escuelas que operan en esas cañadas.

Durante dos días, se analizaron las experiencias de comunidades de otros estados mexicanos afectadas por proyectos similares y con resultados claros de lo que realmente significa la implementación de esta infraestructura. Armando Campos, integrante del Centro de Derechos Humanos Tlachinollan, inauguró el foro con la exposición del caso de la mina de oro a cielo abierto de Carrizalillo (Guerrero).

La instalación de la minera canadiense *Gold Corp* es la mina más importante del continente y la que más afectaciones visibles ha dejado, sobre todo en la salud de las personas, en la contaminación irreversible del medio ambiente y en la fractura del tejido social, pues ha establecido pactos con el crimen organizado para el control social de los opositores.

En segundo lugar, el activista Rodolfo Chávez explicó con detalle el proyecto hidroeléctrico conocido como La Parota que, de haberse llevado a cabo, habría afectado a cinco municipios de Guerrero, pero la organización popular y una intensa lucha social durante cinco años lograron que se cancelara definitivamente.

Finalmente, una comisión de la comunidad otomí de San Francisco Xochicuautla (México) expuso la imposición del proyecto carretero Toluca-Naucalpan y la manera en la que, durante más de 10 años, se han enfrentado a esa situación. Al día de hoy, han presentado un proyecto alternativo que trata de proteger el bosque sagrado que se encuentra en su territorio y que, de pasar la carretera tal como se presentó originalmente, significaría la destrucción de mantos acuíferos y de lugares sagrados para la cultura otomí.

En medio de un ambiente de hospitalidad y de una organización eficaz para la alimentación y la seguridad, varias autoridades de los pueblos zapotecos explicaron la importancia de su territorio y de mantenerse organizados e informados para luchar contra el despojo y la destrucción de los bienes comunes. Miguel, agente municipal de San Juan Yagila, detalló que en la Sierra Juárez "hay muchas zonas de bosque, pero otras son de selva y, en ellas, hay muchos recursos de agua y muchos minerales. Por eso estamos preocupados con los anuncios del Gobierno".

La solución: el modelo boliviano de desarrollo

El 1 de Mayo de 2006, el presidente de Bolivia, Evo Morales, recuperó y nacionalizó los recursos naturales, cambiando por completo el panorama económico de su país.

La nación se unía al auge independentista de la industria petrolera y gasífera de Latinoamérica. Dicha acción respondió a la demanda de los bolivianos por recuperar los recursos naturales del país en base al desarrollo económico nacional.

Hasta ese momento y desde 1995 los recursos del país andino estaban en manos de 21 consorcios multinacionales.

"Se acabó el saqueo de nuestros recursos naturales por empresas extranjeras", expresó Morales durante su discurso en la localidad de Tarija, al sur de La Paz, capital boliviana. Desde ese momento, Bolivia dejó de depender de las empresas multinacionales.

A través de un decreto firmado en el campo gasífero San Alberto en Caraparí (sur), se nacionalizó el negocio del gas, decisión que limitó la acción de las compañías extranjeras y empoderaba a Yacimientos Petrolíferos Fiscales Bolivianos (YPFB), el cual pasaría a comercializar los recursos de la nación.

Antes de la nacionalización, Morales señalo que los grandes yacimientos de gas y petróleo estaban parcelados, en posesión de países como Brasil, España y Francia, a través de sus empresas *Petrobras*, *Repsol* y *Total*, respectivamente, mientras que los ductos pertenecían a compañías inglesas.

La mayor parte del beneficio de la extracción le correspondía a estas empresas extranjeras.

Mediante el decreto promulgado se estableció que la nueva distribución de los ingresos por la producción de hidrocarburos y gas sería de un 82 por ciento para el Estado y el restante 18 por ciento para las petroleras extranjeras, cifra que antes de la nacionalización solía ser inversa.

Al 31 de diciembre de 2013, las reservas probadas de gas natural de Bolivia crecieron a 10,45 Trillones de Pies Cúbicos (TPC), de acuerdo con una certificación realizada por la empresa canadiense *GLJ Consultants*.

Esta cifra representó un crecimiento del 5,13 por ciento en comparación con la última certificación realizada en el 2009. En el caso de las reservas de petróleo, éstas subieron de 209,81 millones de barriles a 211,45 millones de barriles (0,78 por ciento).

El mandatario boliviano señaló que las reservas probables de petróleo condensado se ubicaron en los 72,25 millones de barriles y las posibles en 80,37 millones de barriles, también al cierre del 2013. Morales aseguró que el mercado interno, externo y la industrialización estaban garantizados hasta 2025.

El manejo del Estado boliviano de sus propios recursos se reflejó en la construcción de caminos, escuelas, hospitales, postas sanitarias, campos deportivos, entre otras obras que mejoraron la calidad de vida de los bolivianos.

Asimismo, se crearon bonos sociales para todos los sectores de la población y se entregaron recursos del Impuesto Directo a los Hidrocarburos (IDH) a las regiones para realizar programas de desarrollo.

Según datos de Yacimientos Petrolíferos Fiscales Bolivianos (YPFB), la nacionalización de los hidrocarburos ha generado 31 mil 500 millones de dólares en los últimos 10 años, mayor que los 2 mil 500 millones de dólares que se percibieron en un período similar de privatización.

En marzo del 2014, Morales indicó que antes de

comenzar su mandato la renta petrolera era escasamente de 300 millones de dólares y para el 2013 alcanzó los 5 mil 500 millones de dólares. Mientras que las reservas lograron consolidarse de una manera importante, en el 2006 eran de mil 700 millones de dólares, para el 2014 crecieron a 15 mil millones de dólares.

Actualmente se han construido grandes obras que constituyen las bases para la industrialización del gas natural. En el año 2014, se inauguraron la Planta de Procesamiento de Itaú, las plantas engarrafadoras de La Paz y Cochabamba, la Planta de Gas Natural Licuado en Río Grande y se espera terminar la Planta de Separación de Líquidos Gran Chaco, la cual produciría mil 400 toneladas de gas licuado de petróleo.

El presidente ejecutivo de Yacimientos Petrolíferos Fiscales Bolivianos (YPFB) Guillermo Achá afirma que el país tiene el objetivo de incrementar las reservas de gas natural, condensado y petróleo en 11 TCF hasta

2025.

Según Achá se tiene un total de 27.800 millones de dólares en inversiones programadas durante los próximos 10 años.

Solo este año se han tenido inversiones programadas, de entre 2.400 millones y 2.500 millones de dólares, y se espera que la cifra se mantenga para el próximo año.

Bolivia será el país suramericano con mayor crecimiento en 2017 y este hecho ha llevado algunos medios a hablar de un "milagro económico". Sin embargo, una mirada a sus políticas públicas demuestra que la nacionalización de los hidrocarburos, la inversión sustentable en la minería y el pueblo boliviano tienen mucho que ver en este supuesto "milagro".

Antes de la llegada de Evo Morales a la presidencia, en 2006, el país estaba sumido en la inestabilidad política. Una gran conflictividad social y la acción preponderante de las transnacionales delineaban la escena económica interna, como en el México de la actualidad.

Este año, el Producto Interno Bruto (PIB) de Bolivia tendrá un crecimiento aproximado de 4,2 por ciento, el más alto en toda la región suramericana, según las estimaciones del Banco Mundial (BM), de la Comisión Económica para América Latina y el Caribe (Cepal) y del Fondo Monetario Internacional (FMI).

Durante los últimos 12 años el promedio de crecimiento fue de 4,9 por ciento y bajó a menos de 4 por ciento solamente en el 2009, por la conspiración política y económica que enfrentó el gobierno ese año. Este 2017 tampoco ha sido sencillo. El porcentaje alcanzado ocurre en el contexto de la crisis económica mundial, que estalló entre 2007 y 2008 y aún genera consecuencias, ya que los países que tienen una economía basada en la exportación de materias primas, como Bolivia, fueron particularmente afectados, pues sus precios se redujeron significativamente.

Al analizar las cifras, puede verse que, si bien el crecimiento ha disminuido con relación a 2014, se mantiene en un nivel muy importante, sobrellevando tasas negativas de dos sectores importantes para la economía boliviana: los hidrocarburos y la minería.

El modelo económico boliviano ha demostrado durante los últimos años que pueden alcanzarse unos fantásticos resultados sociales y al mismo tiempo obtener los mejores resultados macroeconómicos en la región. La reducción de la desigualdad, es otra de los grandes logros del gobierno de Evo Morales. Tomando el indicador del Índice de Gini, éste pasó de 0,60 por ciento en 2005 a 0,47 por ciento en 2015.

Sin embargo, el presidente Morales ha refutado la idea del "milagro económico boliviano" y ha destacado en cambio la importancia de la "unidad del pueblo" para alcanzar los objetivos. Esta certeza política del pueblo se expresa también en un modelo que va a contracorriente del modelo neoliberal. Debe valorarse y destacarse la economía que surge del campo y de las organizaciones comunitarias en la ciudades.

Los sectores productivos populares son un importante soporte ideológico, político y, subterráneamente, económico. Este sector, que pareciera no influir mucho en las magnitudes y porcentajes del crecimiento económico, sostiene la materialidad de la economía desde la producción y reproducción de la vida.

En medio de los embates de la crisis mundial y de presiones externas contra el gobierno de Morales, la economía boliviana ha sabido mantenerse en pie.

La mirada hacia el mercado interno y la democratización del consumo han permitido que el país suramericano afronte de una mejor manera el contexto económico internacional, y el no depender de la inversión privada ha sido clave, en momentos en los que los privados no estaban dispuestos a invertir en Bolivia.

Las adversidades han sido compensadas por sectores como la agricultura, la construcción, la industria, el transporte, las comunicaciones, el comercio, las finanzas, la energía eléctrica, el gas y el agua.

Desde 1995, los recursos del país andino habían estado en manos de 21 consorcios multinacionales que se llevaban la mayor parte de las ganancias.

La nacionalización hizo que los ingresos del Estado aumentaran hasta multiplicar varias veces los de las transnacionales. Al final, el supuesto "milagro" no es más que el resultado de la aplicación de políticas económicas a favor de las grandes mayorías. Es decir, el Estado boliviano se posesionó de la mayor parte de las regalías por la explotación de estos recursos, que posteriormente, mediante la política redistributiva, han sido canalizados a todos los ciudadanos bolivianos. Por lo tanto el Estado pasó a ser un actor fundamental dentro del proceso de desarrollo económico, al contrario de lo que establece la doctrina neoliberal, que pugna por un Estado débil y ausente del desarrollo económico.

De igual forma Bolivia optó por una economía eficazmente precavida, en donde durante los años de contexto favorable se llevó a cabo una política de ahorro, que permitió contar con un colchón de recursos para afrontar la crisis mundial actual. El país no se dejó arrastrar por los vaivenes de las materias primas y supo construir su cinturón de seguridad sin necesidad de sacrificar derechos sociales.

No sólo se incrementó el ahorro público sino también el privado. En total, contemplando todas las fuentes, Bolivia posee un ahorro de 48.000 millones de dólares, en cifras de 2016 y con un incremento del 8 por ciento en cuentas (de ahorro) del sistema financiero, siendo que el 88 por ciento de ellas corresponde a cuentas de menos de 500 dólares, lo que significa que quienes antes no tenían recursos, hoy pueden ahorrar.

Cuáles son entonces las bases del modelo económico que ha propiciado un "milagro social":

1. Recuperación de los hidrocarburos por parte del Estado.
2. Alto nivel de inversión productiva, liderada por el Estado y acompañada por el sector privado, nacional e internacional.
3. Políticas sociales de redistribución de la riqueza.
4. Democratización del consumo.
5. Estabilidad macroeconómica reforzada con estrategias de control de precios.
6. Políticas monetarias expansivas y bolivianización de la economía.
7. Inversión pública.

Prácticamente lo opuesto a lo que receta el neoliberalismo y sus instituciones, como el Fondo Monetario Internacional (FMI), Banco Interamericano de Desarrollo (BID), Banco Mundial (BM) entre otros.

El Instituto Nacional de Estadística boliviano (INE) recoge en su portal que la pobreza pasó de 59,6 por ciento en 2005 a 38,6 por ciento en 2015, mientras que en el mismo lapso la pobreza extrema disminuyó de 36,7 por ciento a 16,8 por ciento. Esto se debe a la prioridad de las políticas sociales, que hacen hincapié en transferencias directas a la población más vulnerable (mujeres, niños, adultos mayores) mediante subvenciones del gobierno en servicios básicos, así como incrementos salariales y políticas de infraestructura en vivienda, salud y educación, etc.

Por si fuera poco Bolivia tiene la tasa de desempleo más baja de la región, con un 4,4 por ciento en agosto de 2017, y ha ido mejorando hasta un 4,1 por ciento, anunció el ministro de Economía y Finanzas boliviano, Luis Arce. Se tomaron medidas en pos de mejorar estos índices luego que el presidente Evo Morales expresara su preocupación, después de que la tasa de desocupación en el país pasara entre 2014 y 2016 del 3,5 por ciento a 4,4 por ciento. No obstante, Arce remarcó que en 2005, un año antes de que Morales ganara las elecciones, el 8,1 por ciento de la población boliviana se encontraba sin trabajo. Entre las medidas tomadas por el Ejecutivo boliviano figura el programa Mi Primer Empleo Digno, que desde 2008 viene garantizando el desarrollo de habilidades de jóvenes de zonas urbanas y periurbanas de bajos ingresos, permitiéndoles encontrar y mantener un empleo formal. Actualmente se lleva a cabo en cinco de los nueve departamentos del país.

De igual forma, garantizar tierras a los indígenas puede generar riqueza y contrarrestar el cambio climático, de acuerdo con un reciente documento publicado por la Organización No Gubernamental World Resources Institute (WRI), en el cual se indica que asegurar a los indígenas de la Amazonía la tenencia de la tierra, puede generar una rentabilidad que "oscila entre 523.000 millones de dólares a 1,165 billones de dólares en las próximas dos décadas. Así mismo, las tierras indígenas con tenencia asegurada pueden reducir la deforestación y absorber el carbono, reduciendo así las emisiones de gases de efecto invernadero y ayudando a frenar el cambio climático. WRI no oculta que en su propuesta "hay una clara motivación económica en asegurar que los pueblos indígenas tengan derechos seguros sobre sus tierras. Garantizar la tenencia de la tierra no solo es lo correcto, es una de las estrategias de mitigación del cambio climático más rentables del mundo", son declaraciones Andrew Steer, presidente de WRI. Esta organización considera que cuando los pueblos originarios "tienen asegurados sus derechos sobre la tierra, las tasas de deforestación y las emisiones de carbono en esos territorios a menudo descienden significativamente".

Formalmente, la mayor parte de las constituciones de Latinoamérica garantizan los derechos de los pueblos indígenas, incluido el derecho a la tierra que habitan. Lo hizo Brasil en 1988, Colombia en 1991 y Venezuela en 1999, por citar 3 ejemplos. En México los derechos de las comunidades y ejidos mexicanos son reconocidos en diferentes instrumentos legales nacionales e internacionales, como son la Ley Agraria en donde se reconoce la propiedad que tienen los ejidos y comunidades sobre su territorio; el artículo 2° Constitucional que establece la libre determinación de los pueblos indígenas, y en especial el Artículo 6° del Convenio de la OIT (del cual México es firmante), que establece la necesidad de consultar a los pueblos indígenas en caso de que medidas administrativas o legislativas pudieran afectarles directamente. Así mismo es importante avanzar hacia la modificación del artículo 6° de la Ley minera de tal manera que se elimine el carácter preferente de la actividad minera.

Por lo tanto es posible afirmar que el modelo neoliberal no sólo ha fracasado en México y Bolivia, sino en el resto del mundo y resulta evidente que el modelo económico boliviano debería ser un referente para México y para la región, ya que ha demostrado durante la última década que pueden alcanzarse unos fantásticos resultados sociales y al mismo tiempo obtener los mejores resultados macroeconómicos en la

región.